MICELIO

ÆREA | *carménère*

Laura Giordani

# Micelio

A861   Giordani, Laura
G      Micelio / Laura Giordani -- Riells i Viabrea
       : RIL editores-Ærea | Carménère, 2025.

       122 pág. ; 23 cm.

       ISBN: 978-84-10248-64-9

       1 POESÍA ARGENTINA. 2 LITERATURA ARGENTINA.

Ærea | *carménère*

Serie fundada por Eleonora Finkelstein y Daniel Calabrese
Edición al cuidado de Paco Najarro

MICELIO
Primera edición: septiembre de 2025

© Laura Giordani, 2025

© Ærea, 2025

Un sello de RIL® editores
SEDE SANTIAGO DE CHILE: Los Leones 2258 • CP 7511055 Providencia
☾ (56) 22 22 38 100 • ril@rileditores.com • www.rileditores.com

SEDE VALPARAÍSO • valparaiso@rileditores.com

SEDE ESPAÑA • europa@rileditores.com

Composición e impresión: RIL® editores
Diseño de colección: Marcelo Uribe Lamour
Imagen de portada: Janaina Mello Landini, *Ciclotrama 256* (superstrato). Varios hilos beige sobre lino beige. 200x 200 cm. 2022.

Impreso en España • *Printed in Spain*

ISBN: 978-84-10248-64-9
Depósito Legal: GI 1345-2025

*La utilidad de la poesía está en recordarnos*
*que es difícil seguir siendo la misma persona,*
*porque nuestra casa está abierta, su puerta, sin llave,*
*y los huéspedes invisibles salen y entran.*

CZESLAW MILOSZ

*La verdad está en los detalles*

CLAUDE LANZMANN

*La gracia llena espacios vacíos, pero solo puede penetrar*
*en un vacío dispuesto a recibirla,*
*y es la propia gracia la que crea este vacío.*

SIMONE WEIL

# Micelio madre

*Es fácil acceder al carismático y rebosante mundo de la superficie, pero no a la red oculta, subterránea, de la vida.*

MERLIN SHELDRAKE

Madre blanquísima
que se prolonga bajo tierra
para hilvanar raíces distantes:
enséñanos a resplandecer
desde la descomposición
a germinar desde el desecho.

Hifas laboriosas
vivísimas
reinaugurando sin descanso
la ascensión de la savia

        [*bajo nuestros pies*
        *el milagro.*

Salmo de la putrefacción
que disuelve la memoria de la helada
de la breva caída a destiempo.

Micelio madre
        cielo primero
sumergido:

        líbranos de todo daño.

[*Plegaria del micelio*]

Para ver ese cielo sumergido
hace falta cerrar los párpados.

Con la misma devoción
con que alzamos las pupilas
a la noche estrellada
mirar hacia abajo
hasta que una nebulosa blanquecina
ascienda por los pies
y comience a iluminarnos.

Las hifas tejen un lienzo inmenso
para la criatura que llega:
delicadísimo ajuar
de lo vivo.

La exposición prematura
puede malograr el brote:

lo esencial se ha ocultado
a la mirada.

[*Micorriza*]

Para ver las estrellas sepultadas
habrá que hundirse sin reservas
como un muerto abriendo sus ojos
por primera vez bajo tierra.
Y el corazón deberá inclinarse
veintitrés grados
hasta acompasarse
con la pulsación
del polvo.

Hasta que aparezca nítida
ante nosotros
la trama resplandeciente de hifas
celestinas que hilvanan
árboles distantes.

Sinapsis radical de lo vivo.

Canción del micelio:
melodía no audible
para quienes todavía se aturden
sobre la superficie.

Bajo nuestros pies,
        sin descanso,
                el milagro.

[*Micorriza II*]

*Este mundo no tiene nada que ofrecerte* -dijiste, todo está condenado a su extinción. Cómo reunir la percepción trizada, tanto roto en el pecho. Tu dedo no apuntó hacia lo alto, subir no es la salida, hay violencia en todo ascenso.

Más bien, rendición: una ascesis inversa que desdiga la gravedad, que descienda hasta diluir los bordes en la compasión del Uno.

Seguir descendiendo hasta saberse sustrato,
raíz, mineral.

Y el poema, refucilo en la llanura oscurecida,
como única linterna.

[*Rendición*]

*Eviten la perfección de las líneas,*
escribiste.

Lo sabías: algo mortal
se larva en toda perfección
algo que no llega a entibiar
los surcos del mármol
contra el que se hielan
las mejillas infantes
la orina de los crédulos.

Una musa de piedra
tiende al vacío sus brazos
incapaces de abrigar
al recién nacido
que amorató la escarcha.
A poca distancia
de sus áureas proporciones
el durazno caído
se rindió al abrazo
de la primera lluvia.

Se dejó corromper
por los elementos.

A finales de febrero
reveló los colores más oscuros
—su corazón último
escándalo de los visitantes
del jardín dieciochesco:

su música hirviente de moscas
con que se gesta la vida.

[*Poética*]

Abriéndose camino
a tientas bajo tierra
para conducir
las palabras inaudibles de los árboles
escuchar lo que las ramas
murmuran sobre la lluvia no caída
o el inminente incendio.

Un retoño de acacia
se estremece bajo un cielo
que se ha vuelto rojo.

Agosto es una madre que avanza
-sin poder ser detenida-
hacia el monte en llamas.

[*Incendio*]

Esperar a que algo nos alumbre
desde abajo, galaxia que pulsa
bajo los pies. Su luz
llega demorada por el viaje
a través del espesor de la tierra.

Entrelazamiento
de lo no dicho, lo olvidado.
Rumor que no llega
con claridad al oído
y, sin embargo, nos sostiene.

Micelio:
mi cielo primero
                    sepultado.

[*Bajo los pies*]

Sólo veneramos lo que podemos ver
sordos a la plegaria del micelio
pronunciada en voz bajísima
por las sacerdotisas de la tierra.

Hifas que tejen la mortaja
de los vivos con la cabellera
de cada árbol caído.
Madres que descienden
a descomponer lo perecido
y restituir el soplo a la materia.

Micelio: madre del suelo
hija de un cielo que no escucha
nuestras súplicas.

[*Micosalvación*]

Como quien alimenta
con gramática a una niña loba
recién hallada
o acicala al fallecido
para su velatorio
                inútil modular la voz.

Dejarse decir
por eso que vuelve
a pulsar desde lo hondo
        dejar que hable.

Esta escritura
ya no cuenta respiraciones
ni retiene el aliento
antes del estallido.

Mana
        brota
nos reescribe:

puro derrame que llega
—a destiempo—
para sanarnos.

[*Dejarse decir*]

La madre fue expulsada
de todos los templos
sus plegarias
pronunciadas en voz baja
junto a la cama
de cada enfermo.

Para sostener la mano
que se enfría
para recibir a la criatura
todavía tibia
       todavía empapada.

Su luz discreta
ilumina
       sin descanso
desde su propia disolución
se entrega
como la fosforescencia
de los huesos
que se descomponen
a cielo abierto.

Donde los ojos no llegan
el sustrato invisible
que nos sostiene.

Cavar
como imploración
mirar hacia abajo
con la misma reverencia
con que alzamos los ojos
a la noche estrellada
de marzo.

[*Micelio madre*]

Honrar lo que no vemos:
los nudos, la savia estrangulada
en tantos tramos de nuestro árbol.

Ver más allá, más abajo. Confiar
en esa actividad subterránea,
el tejido de lo vivo.

Gratitud al micelio:
        madre que nos sostiene,
        descomponedora de las memorias
        del daño,
                hacedora de olvido.

[*Lo que no vemos*]

# Familia

*—No puedo conocer a otro sino a través de mí.
¿Pero quién soy?
—¿El fuego conoce el fuego?
—¿El bosque conoce el bosque?
Es a la madera que consume que el fuego le debe
el ser fuego; como el bosque, al fuego que lo re-
duce a las cenizas, le debe el haber dejado de ser
un bosque.*

EDMOND JABÉS

Caen las cortezas
que intentaban cubrir
al árbol desollado
          pero ya no se sostienen.

Los ojos bien abiertos
ante el bosque
calcinado sin relato
consolador
sin fábula de hojas
perennes.

Bendiciones
a quienes arrasaron
las ramas más tiernas,
las hebras de la credulidad.

          *[El fósforo no hizo*
          *más que poner a prueba*
          *las semillas,*
          *su fortaleza.*

Lavo el corazón
en su propia sangre
recobrada: una sangre
de mediodía,
una sangre de solsticio
que inaugura el verano.

Nuestra madera
cada vez más porosa
como el sabinar
que ofreció su cuerpo
a esos barcos
que atravesaron
el atlántico

    demasiadas veces.

No estamos ya
en estos estantes
donde se nos mueren
lentamente las fotos.

Lo que queda de nosotros
en la sangre
y sus alacenas
blancas.

*La esencia de una nación es que todos los individuos*
*tengan muchas cosas en común y que hayan olvidado*
*las mismas cosas*
ERNEST RENÁN

Quedarse a escuchar esas voces que sobrevivieron a las maniobras de borrado: agrietar esa amnesia convenida que llamamos *familia*.

Qué se escapa y se refugia al fondo de nuestros huesos: *eso* que nos sostiene desde la penumbra como un secreto guardado por ellas, las que escuchan tras las puertas. Madres zurciendo sin descanso un relato en hilachas.

Mirar de frente lo que emerge de lo putrefacto
—tan bien ocultado a nuestros ojos:

lo que duele.

Este mismo río
mojó los pies de los ancestros
torció las ramas de nuestro árbol
para resistir en pie
la correntada.

Queda ahora desanudar
la savia estrangulada,
retirar esos huesos
amados que fuimos apilando:
improvisado dique
para atenuar la furia
de lo que necesitaba
ser expiado
pero nuestros labios
acordaron no pronunciar.

Decirlo,
    gritarlo.

Dejar que lo edificado
sobre terreno inundable
se desmorone.

Y al fin, nos sane.

Las líneas de mi mano izquierda
quieren decir algo
que no alcanzo a comprender.

Dejo que lo que escribo
me dé alguna pista.

Brindo mi mano
a los que ya no pueden hablar.
Decir *eso* que reverbera aún
en nuestros ojos
y asoma en las fotos familiares.

Esa luz previa a la pérdida.

Escuchar el relato familiar
jamás contado:
    dejar que hablen ellos
—tan vivos todavía
en la sangre.

Esponjado corazón:
ahora puedes, al fin,
absorber todo el daño,
esa agua que no pudo
acabar de sumergirlos.

Mi linaje de ropas empapadas
y labios azulados
por el empeño de mantenerse a flote
en la corriente,
    de seguir respirando
     en el fondo
      —como si nada—

Afina bien el oído:
nuestros vestidos
todavía siguen goteando
    aquel daño.

Hora de que la náufraga despierte de su brevísimo sueño bajo el sol. Que escupa la arena de su boca y comience a edificar lejos de la orilla.

Todavía puede recordar aquel sueño: cuando ellos se besaron, todo lo construido sobre la arena se derrumbó. Torres, edificios, todo desplomándose en cámara lenta, junto al mar de los recién llegados.

El mismo al que volverán las cenizas del padre cuarenta y cinco años después.

Una mujer
luce un colgante
a la altura del pecho:
es una hoja de afeitar
resplandeciente.

El daño
convertido en joya
de afilada belleza.

*Pon tu mano en mi corazón,*
*no es tiempo de merodear*
*la herida,* me dice
sin mover los labios.

Con la emoción
de quien encuentra
al niño respirando
—todavía
bajo los escombros,
mi madre me entrega
aquel par de zapatitos
blancos, olvidados
al fondo de una caja.

Sus delgadísimas suelas
—casi celofán
abrigaron mis primeros pasos.

*Esa suavidad*
*antes*
*de que los pies*
*se endurecieran*
*esta suavidad*
        *antes del daño.*

Tal vez, auguran
una patria más blanda,
una nueva blancura
por recorrer.

Los zapatos primeros
regresan en las manos
—también cuarteadas
de mi madre
como una profecía
que alcanzó
su plena estatura.

[*Los zapatitos*]

Viajar hasta aquella fiesta vacía
decirle a la niña
que aún espera a los invitados:
*podemos irnos*

antes
romper la piñata del simulacro
que caigan al fin los caramelos
agriados por la espera
retirar el confeti
que fue cayendo como nieve
     l e n t í s i m a
en su corazón
los farolitos de papel
desleídos por la lluvia
cotillón que no alcanza
para ocultar la inminente partida

decirle la verdad que le negaron

curar sus dedos
lastimados de golpear
las paredes del diafragma
jaula que la confina
en una celebración imposible

en un noviembre que no ha cesado.

[*La hija*]

Qué hermandad custodia esta tumba
no acabada de cerrar del todo
ante la que me arrodillo:
nada más pronunciar el rezo
de la sepultura porosa
se fugan serpientes

[*las mismas que se interponían*
*entre tus pasos de niño*
*y los cerezos.*

Esas serpientes son del mismo color
que las hojas del paraíso en otoño:
de ese amarillo convaleciente
que jamás llegará a arder.

*No lleven las bumbulas a sus bocas*
—hasta los pájaros lo saben
*son venenosas*
advertía ella con gravedad
al vernos jugar con sus frutos.

Cada paraíso gestaba
en silencio
la sustancia de su propia caída.

Ignorábamos
que —más hondo aún
en el interior de las drupas
dormitaban las cuentas
de la redención
que los dedos de la abuela
iban despertando cada tarde
entre avemarías.

[*Melia Azedarach*, árbol del paraíso]

Un anciano pela mandarinas bajo el sol de invierno con los dedos torpes por el frío. Me mira con los ojos verdes de mi padre.

Mientras, ella canturrea valses que nadie recuerda y trocea una gallina para el caldo. Hay violencia en cada corte, pero sus manos siguen siendo santas.

Nos cuentan que por segunda vez verán pasar al cometa Halley, aunque sobre la pampa de entonces, era más luminoso y —sobre todo, más cercano.

[*Los abuelos*]

*El tiempo estranguló mi estrella*, dijiste, mientras tu cabeza se hundía en el vapor de alguna infancia común, lejana. Me empeño en seguir viendo aquella estrella, retengo su fría pulsación en las sienes para no olvidarla.

Sigo recibiendo esa misma luz al mirar el cielo nocturno de octubre, como si fuera aquel austral de finales de marzo al recibir el anuncio de tu nacimiento.

[*El hermano*]

Si las puertas de la percepción
se abrieran, junto a esa figura
radiante que extiende sus brazos
y todo su cuerpo a un *glad day,*
veríamos una madre
con el vientre pegado a la tierra
acompasando su respiración
al musgo que todavía sobrevive
adherido a sus muslos.

Una inmensa catedral
de carbono que acaba
de desplomarse.

> *Caléndula para tu dolor,*
> *madre de Albión:*
> *los brazos de tu hijo*
> *se abren en todas*
> *direcciones,*
> *pero jamás se cierran*
> *para abrazarte.*

Las puertas de la percepción
seguirán selladas
mientras seamos incapaces
de oír el sollozo
de esa madre que intenta
extraer calostro de las piedras,
agua de un molino oscuro:
la ingratitud de todo hijo.

[*El hijo*]

43

Un tren avanza hacia una estación en la que finalizan todos los ramales.

Justo al querer pronunciarlas, las palabras se te apagan —una a una— como párpados que se cierran en una llanura nevada mientras anochece.

*Afasia*, dijo el médico.

[*La madre*]

Al despedirle, besé su mejilla endurecida por ese frío para el que no hay palabras. Lo miré con curiosidad de niña y confrontada con la propia muerte, aparté definitivamente la mirada. Ya no estás —me dije— en esta silueta que lleva tu traje gris marengo y la mejor corbata.

Ya resplandeces lejos del tanatorio, de este cuerpo que conservan en agosto con aire acondicionado a bajísima temperatura.

Hasta escarchar las flores que alcanzó a cubrir el seguro de decesos.

[*Despedida*]

No nos han permitido pasar a la sala de cremación y la puerta de hierro se cierra con una rotundidad de otro mundo. Tampoco podemos quejarnos, hace tiempo renunciamos al privilegio de cerrar los ojos de los nuestros.

Velozmente y con discreción: así arden aquí los cuerpos.

— *¿Te habrán sacado, al menos, la corbata, los zapatos?*

Hablamos de cualquier cosa para sofocar el rumor creciente de la combustión.

Algo mío se fuga con el humo que no vemos, inventa veintiocho jazmines blancos para perfumar tu nuevo nacimiento. Y al salir del tanatorio, alza la mirada, rebusca, cándidamente, entre las estrellas, una nueva y más brillante que el resto.

[*Cremación*]

En la mano izquierda, las cenizas del padre. En la derecha, la llave que clausurará la casa familiar: caravana de *containers* que cruzó el atlántico tres veces. Disimulamos las marcas, los rasguños de cada traslado, fingida impecabilidad alimentada por sus consignas de superviviente:

*pase lo que pase hay que seguir viviendo,*
*aquí no ha pasado nada.*

Y al final pasó: la tormenta de Santa Rosa arrancó el tejado, los precintos, nos dejó empapados frente a una patria precaria, embalada definitivamente en cajas.

Nuestras pertenencias todavía respiran medio asfixiadas por el embalaje. Quizás, como él mismo en esta urna que comienza a pesar más y más a medida que giro la llave.

[*El padre*]

Esparces las cenizas de tu propia cremación: es una mañana azul y fresca de abril. Como nosotros, introduces los dedos en la urna y repartes tus restos en todas direcciones.

Aunque no podamos verte, sonríes con la dicha indescriptible de disolverte.

[*La urna*]

Benditos los que regresan al mar
que un día los recibió de niños
abriéndose paso con dificultad,
renqueantes sobre la arena.

Benditos los que perdieron
toda el agua que portaban
porque llegaron a la orilla
con las manos vacías
y toda su sed intacta.

Las cuencas de los ojos
abiertísimas a una luz
jamás estrenada.

Benditos los que llegan,
benditos los que no lo lograron.

[*Nosotros*]

# Anomalías

*Lograr momentáneamente la voluntaria suspensión de la incredulidad que constituye la fe poética.*

SAMUEL TAYLOR COLERIDGE

Escuchar a la hija ilegítima del lenguaje, su renuncia a seguir fabricando predicados: esas tumbas que preservan el delirio que llamamos *mi vida*. A seguir apuntalando una sintaxis de predicadores.

Invitación al derrumbe definitivo de los pronombres.

Su vocación de anomalía.

Como uno de esos ángeles de Wenders, acerca su oído a nuestra espalda para auscultar el llanto no llorado, caracola pegada a la oreja para oír el mar ausente.

Cuando todos se han ido de la casa y en la fachada está colgado el cartel «Se vende», ella se queda a hablar con las voces remanentes: el niño que cayó al pozo prendado por el fulgor del agua, los ecos refugiados en las macetas en las que apenas sobreviven los helechos. A observar cómo las migas son transportadas por hormigas rojas a una hierba que nadie riega y deberá esperar al próximo noviembre.

Ella se queda a revisar si queda algo en los cajones mal cerrados o si alguien sigue respirando entre las cenizas de una urna.

El silbido de los monitores, el olor a hospital, todo se va disolviendo en la memoria, menos la temperatura de tu mano. La mía, rompenieblas, avanza entre los barrotes de la cama metálica para sostener la tuya.

Aquí está todo: en nuestras manos tendidas entre dos orillas que comienzan a alejarse, intentando demorar la partida. Desencuentros, secretos, lo que no dijimos: todo absuelto por ese barco invisible que viene a buscarte.

Todo se disuelve, menos nuestras manos, todavía aferradas entre dos mundos.

Algunos días
cuando la ternura disipa la niebla
podemos oírte.

*12 de junio de 1959*

Bosque a las afueras de Mölnbo. Cuatro de la tarde, casi solsticio de verano en el hemisferio norte. Friedrich Jürgenson, aficionado a la ornitología, intenta registrar el canto del pájaro pinzón con una grabadora de cinta abierta.

Lo primero que se olvida de un muerto es la voz, dicen. Pero al rebobinar la grabación la escuchó nítida, angustiada:

*Friedel, mi pequeño Friedel,*
*¿puedes oírme?*

Después de cuatro años fallecida, su madre le llama por su nombre de pila entre el canto de los pájaros pinzones.

*Anti-nido:*

1- Antípoda del nido y su cobijo: intemperie condensada que lo devora todo. Su materia son las ausencias y abandonos trenzados de manera tal que lo hacen prácticamente invisible.

2- Sumidero celeste por el que desaparecen pájaros, promesas y algunas palabras que abrigan.

3- Astro reseco y opaco: su proximidad hace decaer la temperatura varios grados, aunque tengamos la clara impresión de que ese frío proviene de nuestro interior.

*Encielar(se):*

1. Acción de hundir los pies en el cielo sin ningún reparo, caer hacia arriba.

2. Inaugurar un tiempo sin gravedad como hacen los niños cuando se columpian y beben de golpe —como el jacarandá de Juanele Ortiz— todo el lila de la tarde.

3. Elevarse hacia ese lugar donde la saliva no se corrompe para encontrar palabras amamantadas sólo de azul, lejos de los circuitos cinerarios.

*Bondad:*

1- Palabra que al ser pronunciada dibuja sonrisas escépticas y miradas de sospecha. No es flacidez existencial; requiere de una fortaleza tan escasa como el larimar en la corteza terrestre. Tampoco pide chapotear en una versión naif de la realidad; sino el coraje de asomarnos a la oscuridad propia y ajena y elegir no añadir más sombra.

La maldad ya ha desplegado ante nosotros todas sus prolíficas posibilidades: ese inventario de crímenes que es la historia.

Hora de descubrir esa madeja benevolente que —desde el principio— nos teje.

Siempre tomamos la ruta *equivocada*, esa que lleva a algún lugar donde todavía se oye el vuelo de los buitres leonados y el temblor de los pinos junto al precipicio. La España vaciada, dicen.

Viajar así para ponerse a salvo de un tiempo sin enemigo al que señalar, pero cuyas manos vendimian sin descanso nuestros latidos.

La poesía también circula por carreteras secundarias, imposibles de localizar por los satélites.

Nos cobijamos del frío en la furgoneta, la taza tiene la tibieza justa para las manos. Marte brilla de manera inusual, como un fruto rojizo que nos regala la noche de octubre.

Como en esa *Harvest moon* que suena en el único altavoz que funciona, también es otoño.

Aquel marzo, cantaron como nunca los mirlos de la ciudad en cuarentena. Nuestro padre contó que también los detenidos en el Campo de la Ribera cantaban himnos revolucionarios con sus ojos cegados por las vendas.

Hay un canto imposible de confinar.

Las flores del manzano
en borbotones tiernos
de un blanco recién asomado
contra el cielo de abril
se estremecen
como una criatura
a la que acusan de encender en Caín
una sed oscura.

Tiemblan
como quien grita *soy inocente*
esperando una absolución.

Algo nos condena
al morder su escarcha dulce
algo que conmueve
los cimientos de la culpa
y no deja
piedra sobre piedra
de la historia.

Rebuscar palabras en la nieve hasta comprender que el tiempo es secuela de aquella fractura inicial. Una estirpe de muertos usurpa nuestros latidos para perpetuar esa quimera de progreso llamada *historia*.

Dos perros con su trineo de auxilio llegan justo antes del frío terminal.

La tierra que pisamos fecunda con la suma de los duelos: un jazmín diminuto —consuelo a destiempo— asoma en el cráneo.

Dónde las palabras que resistan este blanco indeciso, recién abierto.

Cegada de sol, borracha de viento, sobre tu fibra abatida trepas a despilfarrar al cielo la savia. Una cuerda invisible iza tus harapos y trenza sin tregua tu cabellera muerta y desgreñada.

¿Procede de lo alto el mandato que te yergue o esa estatura sin mesura es mera rebelión de tu médula doblegada?

En tu fruto, almibarada lágrima, sepultaste, como un secreto, la respuesta, tu expoliado corazón de palma.

[*Palmera*]

*Más tarde hubo de ver
el noticiero,
su aldea borrada por el agua, iglesias y alquerías
rompiéndose y flotando a la deriva.*
JOHN BURNSIDE

El mismo barro que nos sumergió se evapora en un cielo que parece querer resucitarnos. Las nubes suspendidas —como una condena a punto de ser dictada— sobre las cabezas.

Fue la furia de lo blando, la plegaria inaudible de los ahogados, arrastrados entre hierros y cañas, hasta el abrazo terminal del mar.

El vestidito a medio coser para las Fallas flotando entre la vajilla y los retratos de familia. La respiración agitada del abuelo subiendo las escaleras hacia la zona más alta de la casa.

Se apagaron los gritos, llegó la noche.

Al amanecer, vimos coches apilados, las pertenencias desfiguradas por el lodo, secándose bajo un sol que no alcanza. Los vecinos hablaban de saqueos, de cuerpos flotando en los sótanos. Un sol de noviembre reveló el finísimo cristal que nos separa de la barbarie.

Pasaron los días, se evaporó el llanto. Seguimos edificando en la orilla la casa destinada al arrase de la creciente.

Escribir para demorar ese derrumbe.

[*DANA*]

La credulidad fue nuestra derrota: vientre tibio del animal que se recuesta en una llanura que —en realidad— es una inmensa pantalla en la que se proyectan pasturas.

Tendieron ante nosotros un nuevo cielo donde todo parecía posible. Un cielo ficción.

Entonces, pronunciamos palabras
que parecían vivas.

> *Ya ni recuerdo*
> *las ansias azules*
> *del cóndor,*
> *cómo punzaba el frío*
> *del río en los pies.*

Que la palabra vuelva a tender esos hilos entre lo visible y lo no visible, nosotros y los otros.

Sólo sostenidos por esas hebras,
decir.

*La herida es el lugar por donde entra la luz*
RUMI

Sobre agujas, goteros y relojes rotos, avanza descalza,
sin herir sus pies. De tan heridos, han florecido con ese
rosado escandaloso de la piel nueva cuando asoma.

No escucha las advertencias de los pisamundos.

Bienaventurada la que revela la belleza de la herida:
restaurada —no con oro— sino con la propia saliva.
La que puede caminar descalza sin sangrar, su pura
indefensión.

Bienaventurada la que repara lo que nuestra ceguera
destroza: ese desguace sin término de la infancia.

[*Kintsugi austral*]

Los cuerpos fueron
tierra rendida con toda
su menta, gasa donde
los contornos reposaban
las pérdidas, alojo para
todas las caídas.

El tiempo recitó
con nuestros labios
un extraño credo
de primavera sin estambres.

# Ternura en doce Anomalías

*Yo te alabo, Padre, Señor del cielo y de la tierra, porque has ocultado estas cosas a los sabios y prudentes y las has revelado a los pequeños.*

MATEO 11:25

Bastaría nombrarte
para que los nichos se agrieten
y tu agua dulce
comience a subir
y anegarnos.

Cruzar al otro lado
de la alambrada
donde las amapolas son
nuestros propios corazones
recién sacados de sus jaulas.

Desenmascarar a los que inclinan
algunos grados su lengua
para impostar tu inocencia.

Caer al pozo
de las lágrimas no lloradas
donde seguimos desaparecidos
desde niños.

Ternura:
bastaría una palabra tuya
para sanarnos.

*Sobre todo, mirar con inocencia.*

Con tus ojos
cambiamos de escala la mirada
un zum desorbitado:
abejas sin rumbo,
la sed del manzano
de flores postergadas.

Con tus ojos
vimos cómo se abría un camino
luminoso entre el pájaro herido
y la piedra que
acababa de derribarlo.

Cómo un niño
de cincuenta años sollozaba
detrás de su corbata de seda.

Anomalía que anega
las aduanas, sus pasaportes
sin vigencia, esas identidades
que no logran fracturar
lo que siempre fue Uno.

Una melodía inconfinable
hace porosos los huesos,
anega de música la muerte,
reverbera.

Reanudar la letra
interrumpida
por el vado de cenizas
hasta que aparezcan las palabras
del rocío, esas que brotan
nada más abrir los ojos.

*Tu saliva en nuestros ojos*
*para ver,*
*Tus dedos en los oídos*
*para oír.*

Verás entonces
un fogonazo en el cielo
oscurecido de febrero,
la dulzura acopiada
como agua de una lluvia
que no vemos.

Por fin oirás
el grito tanto tiempo
contenido de las tunas.

[*Effetá*]

Estrella que sabe menguar
hasta devenir penumbra
para no deslumbrarnos.

Agua dulce que sana
los pies lastimados
de tanto caminar por los plurales
y nos absuelve -sin ninguna
pregunta- después del viaje.

Condujiste con suavidad
a los elementos
y al mismo viento que derribó
al nido, lo hiciste inclinar:
lo llevaste más cerca
de la tierra
para acunar la orfandad
del canto.

En el lomo lacerado
del caballo que azotaban
por no poder mover la carreta,
en aquella perra que orinaba
de pura emoción
a nuestra vuelta a casa.

En lo que somos
cuando somos sin huesos.

Malaventurado aquel
que no tuvo algodón
y vientre para guarecerse.

Aquel que no tuvo
su calostro rosado
como primer alimento.

Escucha: es el niño confinado en las celdas del corazón. Su llanto puede oírse cuando duerme la loca del lenguaje —matricida— y se aflojan las válvulas que sellan cada cámara.

Hemos precintado los oídos para apuntalar esta fétida elocuencia que vive del desguace de su infancia.

*¿Qué palabras escribe*
*en los renglones del diafragma?*

Al corazón, sus cavidades, donde el tiempo colapsa y las eucariotas zumban como abejas nuevas.

Nuestra última resistencia:
no dejar de escuchar su llanto.

Cada amanecer se abren paso a través del aire endurecido, de espaldas a esa ternura que llevaría sus huesos al colapso. Ciegos al temblor de la manzana antes de caer al suelo, sordos a las vísceras que todavía murmuran bajo la luz de los interrogatorios.

Agonía de un blanco sin penumbra para refugiarse.

La ciudad reanuda su latido con la sangre de los niños confinados en los sótanos.

*[despertar de este mal sueño de vientres y fosas.*

Ella escribe con tiza rosada en las celdas del corazón, caligrafía ajena a la diaria matanza de estrellas.

Ternura viva de los vivos:
ausculta arritmias en el corazón
de la piedra, en el cuerpo ya frío
sobre la mesa de metal.

Amansa los pies con su marea
y ofrece siempre la otra mejilla:
seda que desarma la ira
de los que juraron venganza.

Besa al tirano en la frente
en su vejez, le acurruca
como un feto
bajo las sábanas
hasta adoptar la estatura
de los insectos nocturnos.

Todos los males
son hambruna
de su leche rosada y tibia
que adormece.

Retira con delicadeza los pétalos
aplastados de la suela
y avanza descalza
por los mostradores del desahucio,
las salas de espera
de los tanatorios.

Mira a los ojos
a aquellos que todavía
pueden sostenerle la mirada.

Bajó por las arterias,
se extravió en las líneas
de la mano izquierda
y en un pliegue del miocardio
fundó su reino de tacitas rotas.

[*Vengo a bautizarme en tu mar*
*antes de que se evapore*
*del todo:*
 *no sabes la sed*
*que hay cuerpo afuera,*
*todos se secan*
*y yo con ellos.*

Resiste en lugares que ningún satélite puede localizar, los desorienta y humaniza la voz que ordena: «Siga quinientos metros y su destino está a la derecha». Allí, en la cuneta, el perro atropellado nos miraba como esperando una respuesta.

*[Cuando seguimos sus instrucciones*
*nuestro destino tiene la cara mojada*
*por el llanto.*

Extiende sus peldaños de seda desde el vientre para que descendamos a lo que en verdad somos.

Nos extravía por sendas que se abren y desdibujan con la trayectoria de nuestros pies descalzos.

Todavía
desmadeja lana
para las madres
que tejen insomnes,
sin noticias
de sus desaparecidos.

Suspende el silbido
del afilador, hasta que
las tijeras caen
flácidas a tierra.

*April, the cruelest month,*
la flor abre sus axilas
perturbadoramente tiernas.
En su interior,
todo es circular:
calles que se pliegan
sobre sí mismas
ensimismadas en el perfume,
una ciudad de niños
que cierra sus párpados
mientras suena
la romanza 94 de Schumann.

Ciudadela blanca
círculo no-se-pasa de los idiotas
anomalía azul en el pulso
de los que creíamos muertos.

Nos hace decir palabras
nunca pronunciadas
desde algún cielo
detrás de la lengua.

Traza constelaciones
benevolentes
entre la mirada de los crédulos
 y estrellas lejanas
entre estas manos
y la herida ajena
hasta palpar *eso* que llora
en el interior del hueso.

Montecito no maderable
que resiste
vientre adentro.

# Por donde los huéspedes invisibles entran y salen

*Hay que perder los vestidos y hay que perder la misma identidad*
*para que el poema, deseablemente anónimo,*
*siga a la florecilla que no firma, no, su perfección*
*en la armonía que la excede...*

JUAN L. ORTIZ

Toda hospitalidad procede del silencio: ingresa en el pan
—levadura invisible— y lo multiplica.

Brota sin esfuerzo la voz que dice: *pasa, entra, come de mi
cielo,* porque el alimento del expatriado es un pan ázimo
y el idioma que le obligan a hablar llega como esparto a
su boca.

El corazón esponjado de silencio es puerta entornada que invita a ser traspasada.

En ese umbral, la palabra ininteligible del extranjero se vuelve clara. Se disuelven esas fronteras invisibles, cosidas a las bocas que llamamos *lengua*.

Una melodía inaudible
capaz de ahuecar
y elevar el corazón
como un pan.

En esa cavidad silenciosa
los nombres propios
se disuelven como tiza
bajo la llovizna
de alguna infancia
común.

Agua primordial
que nos reúne.

Al permanecer en silencio, somos la casa abierta donde los huéspedes invisibles entran y salen. Puede atravesarnos el río de Juanele Ortiz, quien supo disolverse hasta ser el Gualeguay y sus orillas desdibujadas con cada creciente.

El poeta entrerriano caminó el litoral con su paso de pajarito, casi levitando entre el aura de los sauces.

Se entregó a ese silencio que hace audible un sinfín de sonidos de otro mundo.

No escribió *sobre* el río; se dejó atravesar por sus aguas barrosas, siempre en mutación.

Guardar silencio hasta balbucear esa palabra nítidamente blanda como el agua.

Agua dulce que anega el delirio de las conjugaciones y hermana todos los márgenes sin violencia, con la tenacidad de lo delicado.

Esa fuerza.

Como la hembra de pájaro girando sin descanso —derviche emplumado— hasta abombar las briznas y el barro para hacer hueco en su nido.

Una morada ahuecada con el propio cuerpo, un espacio inédito arrebatado a la altura, círculo de los nacimientos.

Ser capaces de alumbrar un vacío que guarezca de la helada e incube futuros cielos.

El poema revela la precariedad de los contornos y la hermandad de todo lo vivo.

Aprender a escuchar la palabra *brisa* entre las hojas del sauce, el aire conmovido.

Encontrar esa palabra que refleja el mundo y no impone su rumor sobre él.

A los pies de Higashiyama,
el monje se pierde
en la labor de aprendiz
de jardinero.

Sus manos tienden puentes
de madera, constelan
las copas de los arces
para que el visitante
pueda respirar a la altura
del otoño.

Extraña hospitalidad
de la arena rastrillada
por delicadísimos
mantras, de las hojas
caídas
sin ofrecer resistencia.

Los monjes de túnica parda
construyen pasarelas
con la elevación justa
para poner la mano
en el pecho del cielo,
auscultar la respiración
de la tarde.

El puente Tsutenkyo,
cruza hacia el cielo
sobre un mar de arces
ardiendo en el *momiji.*

Se incendian
sin humo y sin dolor.

Solo se escucha
el crepitar de las hojas
en la hoguera
invisible
de las estaciones.

[*Momijigari*]

El lago y la nube que en él se refleja, son uno
en el abrazo final de los espejos.
También son uno el gorrión y el cielo que sorbe
de un charquito en la acera.

Volverse lago o nube, informe, disuelto
en lo abierto.

Invocar Su saliva
sobre los párpados para ver,
dejarse anegar
por esa agua inconfinable
que nos hermana.

Lo que sostiene la respiración de un texto no es visible, se encuentra entre líneas, en fermentación silenciosa.

Silencios como agujeros negros que albergan esas palabras que necesitaban ser pronunciadas a tiempo: *no te vayas, tengo frío, entra a mi corazón.*

Lo no dicho: nieve acumulada en el umbral de los labios.

Trineo de auxilio con sus linternas y mantas, renunciando al rescate a pocos metros del escalador perdido.

Hospitalidad como apertura radical hacia lo otro, lo ajeno a nosotros.

Jabès lo sabía: la poesía es enemiga de la apariencia y su vocación última no es tan diferente que la del guijarro del camino.

Hay una especie de vida secreta en el lenguaje, tiene que ver con *eso* que calla en cada palabra.

El poema, entonces, depositario de ese secreto que las palabras deben transmitir sin conocer, como una carta sellada.

Una escritura que muestre su revés, sus costuras, con un lenguaje no prendado de sí mismo. No ensimismado en su propio fulgor.

Deshilachada manta que nos cobija.

## La fecundidad de la penumbra:
## sostenidos por lo que no vemos

Mientras los ojos se embelesan con la estatura de los árboles, bajo nuestros pies florece un bosque oculto a la mirada. El micelio es el mayor organismo vivo del planeta y constituye la red más extensa de interconexión vital. En la práctica, resulta imposible medir la extensión y profundidad con las que el micelio penetra en las estructuras, sistemas y habitantes de la Tierra, pues su tejido es demasiado tupido. De hecho, el ser vivo más grande del planeta es un hongo llamado *Armillaria Ostoyae* (hongo de la miel), tiene unos dos mil cuatrocientos años y se encuentra en el Bosque Nacional Malheur, en las montañas de Oregón, Estados Unidos. Su cuerpo micelial tiene una superficie de casi mil hectáreas.

Hifas y filamentos tejen esta estructura subterránea y sostenedora; interfaz necesaria entre distintos reinos, entre el suelo y el cielo. Las hifas poseen una capacidad infinita de crecimiento; se trata de una materia prima inagotable. Su capacidad para degradar compuestos inorgánicos y neutralizar la toxicidad, se denomina *biorremediación*. Sin esta actividad de descomposición y degradación, nuestra vida sería imposible, pues estaríamos, literalmente, asfixiados por los restos. También la palabra poética posee la capacidad de remedar, de alguna manera, el daño, de absorber y convertir en alimento, el detritus de nuestra experiencia humana.

«Manca terra» daba cuenta de la ausencia de tierra para cubrir las raíces que se encontraban expuestas, sin tierra suficiente para fijarse al suelo. Supuso, de alguna manera, la tentativa de abrigar esos árboles familiares, casi en puntas de pie, el desarraigo individual y colectivo, a través de la palabra poética. En «Micelio», la mirada se dirige hacia otra realidad más abundante, pero oculta a los ojos y que nos sostiene desde la sombra. Tomando un concepto de la astrofísica, podríamos decir que es la materia oscura de la biología.

La palabra poética hace visible lo que no vemos, esas áreas en cono de sombra de la existencia y el poema es el emergente de un texto mayor sumergido, en penumbra. Este puñado de poemas constituye la tentativa de ajustar cuentas con esa aguda desproporción entre lo visible y lo no visible. Cuidar el sustrato textual que nutre y se comunica con otros textos. A mayor profundidad y extensión, mayor irradiación de la escritura que asoma. Confiar en el micelio escritural, esa malla benevolente y su fecundidad sostenedora. Lo que nos cautiva de un texto no es visible, se encuentra entre líneas, pulsando bajo la superficie, alimentando su vitalidad. Ese latido no se encuentra solo en los márgenes, sino en *eso* sumergido que desconocemos y que únicamente se nos revela al ser puesto en palabras. Sin ese aliento oculto, sería letra muerta. Deseos, sueños, recuerdos, todo en fermentación silenciosa hasta su posterior fructificación.

Una de las características más notables del micelio es su capacidad para vincular organismos aparentemente aislados. Nuestra historia familiar y colectiva también nos conecta a los demás de manera subterránea. No es posible comprender nuestro devenir, alienados de ese tupido tejido que nos remite siempre a los otros. Un otro sin el cual nuestro rostro estará siempre incompleto.

A nivel lingüístico, me propuse, de alguna manera, dinamitar la idea de estar separado de lo que se dice. Descomponer el cuerpo del lenguaje para reensamblarlo y hacer posible un crecimiento imprevisto, intersticial. Al abordar la realidad del micelio, no quise seguir el camino trillado de la mente, de escribir «sobre» este reino fungi, con un enfoque temático. Una idea susceptible de ser poetizada. Deseaba explorar una suerte de antibotánica, contrapuesta a la anatomía forense del herbario. Emprender la aventura de conocer de otra manera: a través de una intimidad nueva con las cosas, transformadora. Algunas sustancias que fabrican los hongos producen un recableado de las conexiones neuronales, al igual que hace la poesía a través de recursos como la sinestesia. Sinestesia entendida no solo como tropo o figura poética, sino como experiencia viva. Escuchar el micelio, dejarse atravesar por él. Aprender de ese reino discreto y silencioso hasta volverse capaz de registrar la grandeza de las existencias mínimas.

Como expresa con suma belleza, el etnobotánico y micólogo británico Merlin Sheldrake:

*[..] entrelazadas redes tendidas por el suelo, a través de sedimentos sulfurosos a cientos de metros por debajo de la superficie del océano, junto a arrecifes coralinos, por cuerpos vegetales y animales, vivos y muertos, en los vertederos, las alfombras, los entarimados, los viejos libros de las bibliotecas, o en las motas de polvo de las casas y en los lienzos de los antiguos maestros que cuelgan en los museos.*

El micelio da cuerpo a esa unidad de la vida intuida por la ciencia y la mística, cosiendo todo lo que existe entre el cielo y la tierra. En este sentido, constituye el tejido conjuntivo de la naturaleza, costura viva con la que buena parte del mundo está enhebrada mediante relaciones.

# HILATURA

# Agradecimientos

Como los hongos que asoman en otoño, el poema es apenas la porción visible de un cuerpo mayor que está sumergido. Exhumar ese cuerpo inmenso como deuda de gratitud a las personas y textos de los que este poemario es apenas un emergente.

Mi agradecimiento a Enrique Cabezón por su novela «Una semilla» que narra la vida de una recogedora de setas en la Italia del siglo XIX y por cuya ferviente recomendación llegué al documental «Fantastic Fungi» que tantas ideas disparó para este libro.

A Julio Mas Alcaraz por su recomendación de «La sabiduría del trauma» del médico canadiense Gabor Maté que plantea el papel del trauma en nuestras vidas como marca de daño, pero también como puntal de sanación. Los trances dolorosos hacen nítida la necesidad de llevar la atención a los vínculos invisibles, sumergidos, para comprender el origen de nuestro padecimiento y abrir nuevas vías para su alivio.

A Esther Ramón, Ada Salas, Jordi Doce, Juan Hermoso, Olga Muñoz y Julieta Valero por su escucha y receptividad cuando estos textos eran pura tentativa.

A Yaiza Martínez y Víktor Gómez por ayudarme en la revisión final de estos textos.

A Lola Andrés, Teresa Garbí y Joan de la Vega por acompañar y arropar este poemario.

A la artista Janaina Mello Landini por la imagen que ilustra la portada, perteneciente a su serie «Ciclotramas».

Y, finalmente, gracias a Javier Sebastián, sin cuyo amor y compañía no habría sido posible esta travesía vital y poética.

# DEDICATORIAS

«Eviten la perfección de las líneas» (p.17) es para el poeta lusitano Nuno Júdice, *in memoriam*.

«Sólo veneramos lo que podemos ver» (p.20) es para Pilar Verdú, por las hebras benevolentes.

«Siempre tomamos la ruta equivocada» (p.63) es para Javier Sebastián.

«Aquel marzo, cantaron» (p.64) es para Teresa Garbí, por los bosques invisibles y aromáticos de la amistad.

«Rebuscar palabras en la nieve» (p.66) es para Esther Ramón, por ese micelio que nos une en la distancia.

«Ternura en doce anomalías» es para mi hijo Carlos, autor de los versos que dispararon los poemas de esta sección del libro.

*La pura ternura me cura*
*porque derrite el corazón*
*y te crece uno nuevo*

«Escucha: es el niño confinado» (p.82) es para Fer Gutiérrez, en diálogo con su libro «Hasta dónde el daño».

«Una melodía inaudible» (p.95) es para Rubén Sebastián, *in memoriam*.

«A los pies de Higashiyama» (p.100) es para Olvido García Valdés.

# REFERENCIAS

1- La red oculta de la vida. De Merlin Sheldrake. Editorial GeoPlaneta, 2020.

2- Micorriza: palabra de origen griego que define la simbiosis entre un hongo y las raíces de una planta.

3- Estas palabras de Claude Lanzmann pertenecen a una entrevista acerca de su documental «Shoah» (del hebreo האוש, «catástrofe») estrenado en 1985, y con una duración aproximada de diez horas. Los subtítulos y testimonios filmados se publicaron en un libro llamado del mismo modo y traducido al español en el año 2003.

4- «¿Qué es una nación?» (en francés: *¿Qu'est-ce qu'une nation?*) es una conferencia del historiador francés Ernest Renan pronunciada el 11 de marzo de 1882 en la Sorbona, París. En ella, afirma que una nación es «un referéndum diario», y que las naciones se basan tanto en lo que la gente olvida conjuntamente como en lo que recuerda.

5- «Bumbula», palabra de origen quechua que se usa en algunas regiones de Argentina para designar los frutos verdes del paraíso, de color marrón claro y arrugados cuando se desprenden del árbol.

6- «La danza de Albión» (1794-1796) grabado de William Blake. Dark mills: molinos oscuros a los que se refería Blake.

7- Sin GPS: en nuestros viajes en furgoneta comenzamos a explorar rutas alternativas, caminos al margen de las autopistas y vías principales. Como quien improvisa otros itinerarios y conexiones, micelando sobre ruedas.

8- *Y sobre todo mirar con inocencia. Como si no pasara nada, lo cual es cierto.* De Alejandra Pizarnik, «Caminos del espejo».

9- «Effetá» es una palabra aramea que Jesús pronunció para curar al sordo de la región de la Decápolis. Su significado literal es «ábrete», y en este contexto, se refiere a la apertura de los oídos para oír y la apertura de la lengua para hablar.

10- *April, the cruelest month.* Referencia al poema de «La tierra baldía» de T. S. Elliot.

10- *Momiji* (紅葉) es un término japonés que se refiere al color del arce rojo en otoño. También puede referirse al acto de contemplar la belleza de este cambio de color de las hojas, conocido como «*Momijigari*».

11. *Kintsugi* técnica ancestral de origen japonés utilizada para reparar las fracturas de la cerámica con una resina mezclada con polvo de oro. El arte de amar nuestras cicatrices.

# ÍNDICE

Este libro se terminó de imprimir
en septiembre de 2025

RIL® editores • España

europa@rileditores.com

Se utilizó tecnología de última generación que reduce
el impacto medioambiental, pues ocupa estrictamente el
papel necesario para su producción, y se aplicaron altos
estándares para la gestión y reciclaje de desechos en
toda la cadena de producción.